F Pièce
461

L'ENCYCLOPÉDIE MUNICIPALE

(Petite Collection d'Ouvrages de Vulgarisation)

MARCEL BULOT
Docteur en Droit
Rédacteur à la Préfecture de la Seine

La Revision des Listes Électorales

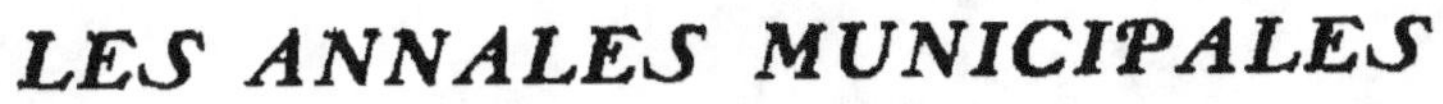

LES ANNALES MUNICIPALES
60 - Rue des Écoles - 60
PARIS

Prix net : **1** fr.　　　　Prix net : **1** fr.

La Revision des Listes Électorales

BIBLIOTHÈQUE NATIONALE — R.F. — IMPRIMÉS

8F Pièce
4461

Cette étude a paru dans les Annales Municipales
(numéro de Janvier 1910)

BIBLIOTHÈQUE NATIONALE
R.F.
IMPRIMÉS

MARCEL BULOT

Docteur en droit

RÉDACTEUR A LA PRÉFECTURE DE LA SEINE

La Revision des Listes Électorales

LES ANNALES MUNICIPALES
60, Rue des Ecoles, 60
PARIS

—

1910

CHAPITRE I

Des Conditions requises pour être inscrit sur les Listes Electorales

La liste électorale est un tableau énumérant par ordre alphabétique les noms des électeurs d'une commune appelés à prendre part aux élections législatives et à celles des conseils généraux, municipaux et d'arrondissement.

Les lois des 7 juillet 1874 et 30 novembre 1875 avaient établi deux listes électorales, avec des conditions d'aptitude différentes, l'une pour l'électorat municipal, l'autre pour l'électorat politique. La loi du 5 avril 1884 (art. 14) ayant unifié les conditions d'aptitude pour les deux électorats, a aboli par là même la dualité des listes (Cassation, 11 avril 1889).

Dans l'ensemble des conditions que doit réunir un citoyen pour figurer sur la liste électorale, on peut distinguer les *conditions générales*, communes à tous les électeurs, et les *conditions spéciales* qui sont exigées pour l'inscription dans une commune déterminée.

I. - Conditions Générales

Pour jouir de la capacité électorale, c'est-à-dire du droit d'être inscrit sur les listes électorales, trois conditions générales sont requises (loi municipale, art. 14) :

1° La nationalité française ;

2° L'âge de 21 ans ;

3° La jouissance des droits civils et politiques.

La nationalité française

1° La nationalité française appartient :

Aux Français de naissance (art. 8 du Code civil) ;

Aux fils d'étrangers nés en France et aux fils de naturalisés si, lors de leur majorité, ils n'ont point décliné la qualité de Français (art. 8, 9, 12 du Code civil) ;

Aux étrangers naturalisés (art. 8, 10, 12 et 13 du Code civil).

Les hommes seuls sont électeurs. Les femmes n'ont, en France, ni la jouissance, ni l'exercice des droits politiques et ne peuvent réclamer leur inscription sur les listes électorales. (Cassation, 16 mars 1885.)

La majorité

2° La majorité de vingt et un ans doit être accomplie au plus tard le 31 mars, jour de la clôture des listes électorales, après les opérations de revision ;

Les droits civils et politiques

3° La troisième condition requise pour l'inscription sur les listes électorales est la jouissance des droits civils et politiques. Leur perte donne naissance à certains cas d'incapacité prévus par la loi.

_ Il existe deux sortes d'incapacité : les unes frappent le citoyen à perpétuité, les autres pour un temps limité.

En général, ces incapacités ont un *caractère pénal*, sauf celle résultant de l'insanité d'esprit. Toutes les incapacités sont établies *limitativement* et ne sauraient être étendues sous prétexte d'analogie.

D'autre part, la jouissance des droits civils et politiques doit toujours *se présumer*.

Ces incapacités sont énoncées dans les articles 15 et 16 du décret du 2 février 1852.

Pour la facilité des recherches, nous avons groupé dans un appendice les diverses causes d'incapacité, perpétuelles et temporaires, rangées par ordre alphabétique, en présentant en regard la durée de l'exclusion des listes correspondant à chacune d'elles.

Incapacités perpétuelles

Bornons-nous ici à indiquer que l'incapacité perpétuelle résulte notamment des condamnations pour crimes, outrages aux bonnes mœurs, délits électoraux, vagabondage et mendicité, ouverture illégale de loteries, maisons de jeux, délit d'usure, *de certaines condamnations* pour vol, abus de confiance, tromperie sur marchandises, destruction de registres, minutes, récoltes, greffes, arbres, falsifications de denrées alimentaires.

Les notaires et officiers ministériels destitués, les militaires condamnés aux travaux publics, les faillis condamnés pour banqueroute, sont également frappés d'exclusion perpétuelle.

Incapacités temporaires

Les incapacités temporaires sont prononcées par l'article 16 du décret de 1852 et par diverses lois postérieures.

En principe, elles dérivent *de plein droit* du jugement, sans qu'il soit nécessaire de les énoncer dans ce dernier. (Cassation, 15 avril 1868.)

Il en est ainsi des incapacités suivantes :

1° Sont privés *pendant deux ans* du droit de vote, les individus deux fois condamnés, dans l'espace d'un an, par le tribunal correctionnel, pour ivresse manifeste (Loi du 25 janvier 1873, art. 3) ;

2° Sont privés du droit de vote *pendant trois ans*, à dater de la déclaration de faillite, *les faillis* non condamnés pour banqueroute simple ou frauduleuse (Loi du 4 mars 1889, art. 21 et 25 ; lois des 30 décembre 1903 et 23 mars 1908).

Les commerçants obtenant la liquidation judiciaire ne sont pas rayés de la liste électorale.

Lorsqu'un failli a été déclaré *banqueroutier*, la réhabilitation judiciaire ou de droit qu'il peut obtenir par la suite laisse subsister l'état de faillite qui, en ce qui concerne l'exercice des droits électoraux, ne prend fin pour les banqueroutiers que par la réhabilitation commerciale (Cassation, 19 mars 1906).

3° Sont privés du droit de vote pendant *cinq ans*, à dater de l'expiration de leur peine :

Les condamnés à plus d'un mois de prison pour rébellion, outrages et violence envers les agents de l'autorité, pour outrage public envers un juré à raison de ses fonctions ou envers un témoin à raison de sa déposition (Décret organique du 2 février 1852, art. 16) ;

Les condamnés à un emprisonnement de un à trois mois pour falsification ou vente de produits falsifiés, ou tromperie sur la chose vendue (Loi du 24 janvier 1889).

L'interdiction du droit de vote peut aussi être prononcée par les tribunaux, dans certains cas, *comme peine accessoire* (Décret organique de 1852, art. 15 et art. 42 et 43 du Code pénal). Elle est alors facultative et doit être prononcée expressément dans le jugement de condamnation. Il en est ainsi dans les cas de :

Complots et attentats contre la sûreté de l'Etat (Art. 89 et 91 du Code pénal) ;

Faux témoignage en matière correctionnelle et de police (Art. 362 du même Code) ;

Délits commis par les cafetiers, cabaretiers et autres débitants, condamnés deux fois en un an pour avoir donné à boire à des gens manifestement ivres (Loi du 23 janvier 1873, art. 4) ;

Contraventions à la loi sur la loterie (Loi du 30 novembre 1875).

Il reste une autre cause d'incapacité temporaire, prévue par l'article 15, § 18, du décret de 1853, c'est *l'interdiction*, prononcée par jugement. Cette sentence a pour effet de créer une sorte de présomption de folie, non susceptible de preuve contraire, à l'égard de l'aliéné interdit.

L'insanité d'esprit doit être constatée par un jugement. La notoriété publique ne suffirait pas (Cassation, 29 mars 1881).

Décisions d'où résulte l'incapacité

L'incapacité ne peut résulter que d'une condamnation passée en force de chose jugée et prononcée par un tribunal français.

L'incapacité commence au jour de l'expiration de la peine (Conseil d'Etat, 18 mars 1898), ou dès que la prescription de la peine est acquise au condamné, si ce dernier ne l'a pas subie (Conseil d'Etat, 19 février 1897).

Les condamnés avec application de la loi de sursis du 26 mars 1891 (Loi Béranger) subissent, pendant cinq ans, toutes les déchéances que la condamnation comporte (Conseil d'Etat, 31 oct. 1896).

L'incapacité doit être prouvée

La jouissance des droits civils et politiques doit toujours *se présumer* en la personne de tout citoyen qui, majeur, demande son inscription sur la liste électorale en justifiant de sa qualité de Français. Il n'est pas tenu de produire un extrait de son casier judiciaire (Cassation, 6 avril 1887). De même, tout électeur qui demande la radiation d'un individu inscrit, doit apporter la preuve de l'incapacité de ce dernier.

Les casiers administratifs électoraux

Pour permettre de contrôler la capacité des électeurs, il a été créé, dans chaque sous-préfecture, des *casiers administratifs électoraux*.

Les greffiers des tribunaux correctionnels, des cours d'assises, des tribunaux de commerce, des tribunaux maritimes, les commissaires du gouvernement près les conseils de guerre, dressent un bulletin individuel de toute condamnation entraînant déchéance du droit de vote. Ce bulletin est adressé au sous-préfet de l'arrondissement dans lequel est né le condamné. Les maires qui ont besoin de contrôler la capacité d'un électeur s'adressent au sous-préfet de l'arrondissement, si le lieu de naissance de l'électeur est situé dans le département ; au préfet, si l'électeur est né dans un autre département.

Comment prennent fin les incapacités

Les condamnations criminelles et correctionnelles sont effacées avec toutes leurs conséquences :

1° Par la *réhabilitation*, judiciaire ou de droit, destinée à faciliter la rentrée et le reclassement du condamné dans la société.

La *réhabilitation judiciaire* doit être poursuivie *par le condamné*. Les conditions qui la régissent sont énoncées dans les articles 619 et suivants du Code pénal, modifiés par des lois postérieures.

La *réhabilitation de droit*, acquise de plein droit aux condamnés dont la bonne conduite a persisté pendant dix, quinze ou vingt ans, suivant la gravité de la condamnation, fait disparaître, sans l'accomplissement d'aucune formalité, les condamnations encourues ou subies (Loi du 5 août 1899, modifiée par la loi du 11 juillet 1900).

2° *Par l'amnistie*. Celle-ci efface à la fois la condamnation et la peine qui l'a suivie : la capacité électorale est alors recouvrée de plein droit (Cassation, 12 avril 1870).

Au contraire, la *grâce*, qui remet seulement tout ou partie de la peine, en laissant subsister la condamnation, ne rend pas la capacité électorale (Cassation, 4 août 1886).

Il en est de même de la commutation de peine et de la prescription qui ne relèvent ni l'une ni l'autre le condamné de l'incapacité électorale.

L'incapacité électorale résultant de l'*interdiction* prend fin par la mainlevée de l'interdiction (Art. 512 du Code civil).

II - Conditions spéciales
d'inscription sur les listes électorales

Pour être inscrit sur la liste électorale, *dans une commune déterminée*, il faut remplir, en dehors des conditions générales précédemment énumérées, certaines conditions spéciales : il faut avoir une attache avec la commune. Ce lien consiste dans le fait d'habiter la commune ou d'être inscrit au rôle des contributions.

Aux termes de l'article 14, § 2 de la loi municipale, il faut, pour être inscrit sur la liste électorale d'une commune déterminée, remplir au moins l'une des conditions suivantes :

1° Y avoir son domicile ;

2° Y résider depuis six mois ;

3° Etre assujetti à une résidence obligatoire ;

4° Etre inscrit au rôle des contributions ou des prestations en nature.

Domicile

1° Il faut avoir dans la commune son *domicile réel*, au moment de la formation de la liste électorale, le 4 février au plus tard.

Le domicile ne se confond pas nécessairement avec la résidence : c'est le lieu du principal établissement (Art. 102 du Code civil).

Le domicile par excellence, aux yeux du législateur de 1884, est le domicile d'origine. L'électeur doit y rester inscrit tant qu'il n'a pas manifesté l'intention d'en changer (Cassation, 28 février 1906). Le domicile d'origine ne peut se perdre que par l'acquisition d'un nouveau domicile, c'est-à-dire par la fixation dans une autre commune, avec l'intention d'y transporter son principal établissement. C'est ainsi que la perte du domicile d'origine ne résulte pas obligatoirement d'une absence, même prolongée, motivée par des travaux ou des études, ou nécessitée par l'exercice d'une profession, ni notamment du fait de faire un stage au barreau ou chez un officier ministériel d'une autre ville, ni du départ de congréganistes expulsés (Cassation, 16 avril 1904, 16 mai 1906, 24 juillet 1907), ni de celui de séminaristes, causé par la fermeture du grand séminaire (Cassation, 22 avril 1907, 10 juillet 1907).

Tous ceux qui ont accepté une fonction conférée à vie ont de plein droit leur domicile dans la ville où ils doivent exercer leur fonction (Cassation, 22 mars 1905). Tel est le cas des Conseillers près la Cour de Cassation et les Cours d'appel, des Juges près les tribunaux de première instance, etc...

Ceux qui travaillent habituellement et logent chez autrui ont en principe le domicile de leur patron (Article 109 du Code civil) et doivent être inscrits sur la liste électorale de ce domicile. Mais s'ils habitent une autre maison que lui, alors même qu'elle lui appartiendrait, ils ont un domicile électoral différent (Cassation, 20 avril 1901).

La preuve du *changement de domicile* peut résulter de déclarations expresses faites à la mairie de la commune que l'on quitte et à celle du lieu où l'on transfère son domicile (Art. 104 du Code civil).

Mais, le plus souvent, cette preuve résulte des circonstances (Art. 105 du Code civil).

Résidence de six mois

2° Au lieu du domicile dans la commune, il suffit d'avoir une *résidence de six mois* au moment de la clôture des listes (31 mars), c'est-à-dire d'y habiter depuis le 1er octobre précédent.

Une résidence de fait suffit, pourvu qu'elle ait la durée requise. Ainsi, les pensionnaires d'un hospice ont le droit de s'en prévaloir (Cassation, 26 avril 1892).

La résidence doit être continue et effective.

Dans une commune sectionnée, la résidence, com-

mencée dans une section, peut être utilement conti-
nuée dans une autre.

La résidence ne cesse point cependant de produire
ses effets parce que l'électeur s'absente quelquefois
(Cassation, 27 mars 1900), notamment pour remplir
les devoirs d'une fonction publique (Cassation, 18
mars 1896).

L'électeur qui abandonne sa résidence après le
1er octobre, n'ayant point le temps, jusqu'au 31 mars
suivant, d'acquérir la résidence de six mois dans une
autre commune, conserve le droit de rester inscrit
une année encore sur la liste électorale de la commune qu'il a quittée (Cassation, 21 mai 1895), à moins
qu'il n'ait, dans une autre commune, une autre cause
d'inscription (Cassation, 27 avril 1900) ;

Résidence obligatoire

3° Le § 4 de l'article 14 de la loi municipale comprend ceux qui sont assujettis à une résidence obligatoire dans la commune en qualité, soit de ministres
des cultes reconnus par l'Etat, soit de fonctionnaires
publics.

Ministres des cultes. — Depuis la loi du 9 décembre 1905, sur la Séparation des Eglises et de l'Etat,
le service du culte ayant cessé d'être un service public, les ministres des cultes ne peuvent plus se prévaloir de la disposition de l'article 14 pour réclamer
leur inscription sur la liste électorale (Cassation, 26
mars 1906 et 22 avril 1907).

Fonctionnaires publics. — Ce sont les citoyens in-
vestis d'un caractère public et chargés d'un service
permanent d'utilité publique, rétribué ou non par
l'Etat (Cassation, 23 mars 1874). En cas de doute sur
la qualité de fonctionnaire, la nécessité de la résidence obligatoire servira de critérium.

Par application de ces principes, il a été jugé notamment que ne sont pas fonctionnaires : les instituteurs libres, les cantonniers non assermentés, les gar-

des particuliers, les suppléants de juge de paix, les crieurs et afficheurs d'une commune, les avocats, les conseillers municipaux. En sens inverse, ont été considérés comme fonctionnaires : les instituteurs communaux, les cantonniers assermentés, les gardes champêtres, les facteurs des postes, les officiers publics résidant au lieu indiqué par leur acte.

Les fonctionnaires publics sont, en principe, inscrits sur la liste électorale de la commune où ils sont tenus de résider, sans avoir à justifier d'aucune condition de résidence ou de paiement d'impôt.

Cependant, les fonctionnaires peuvent requérir leur inscription sur la liste de la commune où ils sont portés au rôle d'une des quatre contributions (Cassation, 21 avril 1887).

De même, ils peuvent garder leur domicile d'origine : ainsi jugé pour un instituteur (Cassation, 28 juillet 1903).

En tout cas, le fonctionnaire ne peut réclamer son inscription après le 4 février (Cassation, 13 mai 1885).

Inscription au rôle des contributions

4° Ont également le droit d'être inscrits sur la liste électorale d'une commune ceux qui sont inscrits au rôle des quatre contributions ou des prestations en nature.

Contributions. — Il s'agit exclusivement des quatre contributions directes. Une autre taxe assimilée, telle que la taxe sur les chiens, ne pourrait donner le droit à l'inscription.

C'est l'*inscription personnelle* au rôle et non le fait du paiement de l'impôt, qui donne droit à l'électorat ; en vain prouverait-on sa qualité de propriétaire, si l'on n'est pas porté personnellement au rôle des contributions (Cassation, 16 avril 1896, 2 avril 1900).

L'inscription électorale des contribuables n'habitant pas la commune ne peut avoir lieu que sur la demande formée par eux-mêmes ou par un fondé de pouvoirs (Cassation, 25 mai 1896).

La preuve de l'inscription au rôle résulte d'un extrait de ce rôle (Cassation, 9 mars 1904). Cependant, la décision du conseil de préfecture, qui met, par voie de mutation de cote, une cote à la charge d'un citoyen, équivaut à son inscription au rôle (Cassation, 11 avril 1900).

Prestations. — Les règles sont les mêmes que lorsqu'il s'agit de contributions directes. Mais, de plus, sont également inscrits « les membres de la famille « des mêmes électeurs compris dans la cote de la « prestation en nature, alors même qu'ils n'y sont pas « personnellement portés et les habitants qui, en rai- « son de leur âge ou de leur santé, auront cessé d'être « soumis à cet impôt ».

L'exception relative aux membres de la famille ne s'étend pas aux domestiques (Cassation, 15 avril 1904).

Les Alsaciens-Lorrains

5° Enfin, l'article 14 comprend les électeurs qui, en vertu de l'art. 2 du traité du 10 mai 1871, ont opté pour la nationalité française et déclaré fixer leur résidence dans la commune, conformément à la loi du 19 juin 1871. L'article unique de cette dernière loi est ainsi conçu : « Sont électeurs sans condition de temps de résidence dans le domicile qu'ils auront choisi ou choisiront en France, les citoyens Français qui, conformément à l'art. 2 du traité du 10 mai 1871, ont opté ou opteront pour la nationalité française, à la charge par eux de faire à la mairie de leur nouvelle résidence leur déclaration constatant la volonté d'y fixer leur domicile, et de réclamer leur inscription sur les listes électorales. »

Pour pouvoir invoquer cette disposition de faveur, les Alsaciens-Lorrains ne doivent pas avoir été inscrits sur une autre liste électorale depuis le traité de Francfort.

Avant le 31 mars

Rappelons, à titre de disposition générale, que sont également inscrits sur les listes électorales les citoyens qui, ne remplissant pas les conditions d'âge et de résidence ci-dessus indiquées, lors de la formation ou de la revision des listes, les rempliront avant le 31 mars, date de la clôture définitive.

L'inscription des militaires

L'absence de la commune résultant du service militaire ne porte aucune atteinte aux règles ci-dessus énoncées pour l'inscription sur les listes électorales (Loi municipale, art. 14).

Les militaires en activité de service et les hommes retenus pour le service des ports et de la flotte sont portés sur la liste des communes où ils étaient domiciliés avant leur départ : ils y restent inscrits, après leur libération, tant qu'ils n'en n'ont pas acquis un autre (Cassation, 6 mai 1884).

Mais, même au cours de leur service, les militaires peuvent demander leur inscription dans une autre commune où ils ont acquis le droit d'être inscrits.

Les militaires ne peuvent prendre part à aucun vote, à moins d'être, au moment de l'élection, en résidence libre, en non-activité ou en congé (Loi du 21 mars 1905, art. 3).

Les réservistes et les territoriaux sont, pendant leurs périodes d'instruction, assimilés, au point de vue électoral, aux militaires en activité de service.

Les doubles inscriptions

Un électeur ne peut pas se faire inscrire sur la liste d'une commune sans avoir préalablement sollicité sa radiation de la liste sur laquelle il était inscrit auparavant.

Il existe cependant des *inscriptions doubles* à la suite : 1° Des inscriptions d'office ; 2° des inscriptions obtenues par les tiers électeurs ; 3° des fraudes.

Elles ont l'inconvénient de rendre possibles les *doubles votes*, punis d'emprisonnement et d'amende (Décret organique de 1852, art. 34), de fausser la proportion des électeurs de différentes sections, ou celle des abstentions et d'amener ainsi un ballottage que la réalité des faits ne justifie pas.

Il peut être remédié à ces inconvénients si l'électeur, dans des communes où il est inscrit, cesse de remplir les conditions requises, ou si, par son vote, il a manifesté son adhésion à une inscription déterminée. (Cassation, 30 juillet 1902.)

CHAPITRE II

La Revision annuelle des listes électorales

La liste électorale doit être tenue au courant des modifications apportées à la capacité électorale des citoyens. On doit y ajouter le nom de ceux qui ont rempli nouvellement les conditions auxquelles la loi attache la qualité d'électeur, et on doit également en retrancher les noms des électeurs décédés ou devenus indignes de figurer sur la liste.

Cette mise en état de la liste électorale est effectuée tous les ans et constitue ce que l'on appelle la *Revision de la liste électorale.*

× ×

Deux grands principes régissent les opérations de revision : ce sont la *permanence* et l'*immutabilité* de la liste :

1° La liste est *permanente* (Art. 18 du décret de 1852), c'est-à-dire que les citoyens inscrits ne sont pas tenus, chaque année, de faire des démarches pour s'y faire maintenir, en justifiant qu'ils ont le droit d'y rester inscrits.

La validité de leur inscription est présumée, par cela seul que cette inscription existe.

Cette présomption peut être, bien entendu, combattue par la preuve contraire ; l'électeur doit être rayé lorsqu'on établit contre lui qu'il ne remplit aucune des conditions requises par la loi.

2° La liste est *immuable*, c'est-à-dire qu'une fois arrêtée à la fin des opérations de revision, elle ne peut plus être modifiée jusqu'à l'année suivante, sauf quelques exceptions limitativement énumérées.

× ×

Les opérations de revision de la liste électorale, qui durent, chaque année, du 1er janvier au 31 mars, comportent deux phases : la *phase administrative* et la *phase judiciaire*.

La première phase est remplie par les opérations de la commission dite *commission administrative* et les recours administratifs auxquels ses décisions peuvent donner lieu ; la seconde période comprend les opérations de la *commission municipale* ou de *jugement*. Les décisions de cette dernière commission sont susceptibles d'un recours porté devant le juge de paix. Ce dernier statue en dernier ressort : ses jugements ne peuvent être déférés qu'à la Cour de cassation.

La phase administrative
Les opérations de la Commission
administrative

La première période des opérations de revision dure, en principe, du 1er au 15 janvier et correspond au travail de la *Commission administrative.*

Cette commission, instituée par la loi du 7 juillet 1874, composée du maire, président, d'un délégué de l'administration nommé par le préfet qui peut être pris en dehors de la commune, et d'un délégué choisi par le Conseil municipal, entre tous les électeurs de la commune, sans qu'il fasse nécessairement partie du Conseil municipal (Circulaire, Intérieur, 30 novembre 1884), est chargée de la confection de la liste électorale et de sa revision annuelle.

Cette commission présente un caractère purement administratif : elle ne constitue pas un tribunal.

Elle se réunit, tous les ans, du 1er au 10 janvier, pour reviser la liste électorale et en dresser le *tableau rectificatif.*

Inscriptions nouvelles et retranchements

Pendant cette période, la commission inscrit d'office, ou sur leur demande, les individus dont elle reconnaît l'aptitude à figurer sur la liste électorale :

1° Les citoyens qui ont acquis les qualités exigées par le décret organique de 1852 ou par la loi municipale ;

2° Ceux qui accompliront, avant le 31 mars, époque de la clôture des listes, les conditions d'âge et d'habitation ;

3° Ceux qui auront été omis sur la liste revisée l'année précédente, bien qu'ils possédassent la capacité électorale.

Elle en retranche d'office :

1° Ceux qui sont décédés ;

2° Ceux qui ont perdu les qualités requises par la loi, ou dont la radiation a été prononcée par l'autorité compétente ;

3° Ceux qu'elle reconnaît avoir été indûment inscrits, quoique leur inscription n'ait point été attaquée (Décret régl. du 2 février 1852, art. 1er).

Les demandes d'inscription et de radiation ne sont soumises à aucune forme spéciale : une simple lettre adressée au maire suffit. La demande peut même émaner d'un tiers électeur. Mais les demandes doivent être rédigées par écrit et signées du demandeur.

Il n'est pas, en principe, nécessaire que des pièces justificatives soient jointes à la demande pour que celle-ci puisse être accueillie. Mais, en fait, dans les grandes villes, la commission est obligée d'exiger des justifications de l'existence au profit du demandeur des qualités nécessaires à l'inscription.

La commission administrative doit tenir un registre contenant ses décisions avec mention des motifs et des pièces à l'appui (Décret réglementaire de 1852, art. 1er § dernier).

En fait, cette formalité est peu observée.

Le lieu de réunion de la commission non fixé par la loi, est, en général, la mairie.

Le choix et l'appréciation des renseignements qui peuvent déterminer la décision, toujours revisable, de la Commission administrative sont confiés à la conscience de ses membres (Cassation, 16 mars 1863).

Le tableau rectificatif

Les modifications ainsi apportées à la liste électorale sont reproduites dans un *Tableau rectificatif*, divisé en deux parties distinctes, additions et retranchements, qui mentionne succinctement les motifs des radiations (Circulaire, Intérieur, 30 novembre 1884). Ce tableau, destiné à être porté à la connaissance des électeurs, doit être déposé, après avoir été signé par les membres de la commission, le 15 janvier au plus tard, à la mairie. Il est communiqué, à partir de cette date, à tout requérant, « qui pourra le copier et le « reproduire par la voie de l'impression ».

La question s'est posée de savoir si l'indication portée par le maire sur le tableau du motif de l'incapacité d'un individu pouvait constituer le principe d'une action en diffamation contre le maire, auteur du tableau. Le Conseil d'Etat a jugé, le 26 juin 1897, que le maire devait indiquer le motif des retranchements faits à la liste électorale.

Notificat'on. — Affiche et copie

Avis du dépôt à la mairie de la liste électorale est donné par voie d'affiches.

Toute radiation d'office faite par la commission doit être, de plus, notifiée à l'électeur intéressé par les soins du maire, sans frais (Loi de 1874, art. 4).

Le procès-verbal de ces formalités de dépôt et d'affiches est dressé par le maire, qui doit transmettre le jour même au sous-préfet une copie du tableau rectificatif et du procès-verbal. Le sous-préfet adresse ces pièces au préfet, dans les deux jours, avec ses observations (Décret réglementaire du 2 février 1852, art. 3).

Droits des préfets et sous-préfets

Le préfet et le sous-préfet sont ainsi mis à même d'exercer, sur la revision des listes électorales, la surveillance qui leur est prescrite par la loi.

Les préfets et sous-préfets jouissent, en outre, naturellement, du droit de requérir les inscriptions et radiations qu'ils croiraient utile de provoquer (Circulaire du 20 juillet 1874).

« Si le préfet estime que les formalités et les délais « prescrits par la loi n'ont pas été observés, il de- « vra, *dans les deux jours* de la réception du tableau, « déférer les opérations du maire au *Conseil de pré-*

« *fecture* du département, qui statuera dans les trois « jours et fixera, s'il y a lieu, le délai dans lequel les « opérations annulées devront être refaites. » (Décret réglementaire de 1852, art. 4.)

La décision prise par le Conseil de préfecture constitue, non pas un acte d'administration, mais un acte de juridiction, c'est-à-dire qu'elle est susceptible d'appel devant le Conseil d'Etat (Conseil d'Etat, 12 novembre 1876).

Le droit qu'a le Conseil de préfecture de prescrire des opérations nouvelles n'est qu'une conséquence de son pouvoir d'annulation. *Si donc aucun tableau rectificatif n'a été dressé*, le pouvoir du Conseil de préfecture n'a pas à s'exercer.

C'est le préfet qui doit, en sa qualité de supérieur hiérarchique, prescrire à l'autorité municipale les actes de la fonction qu'elle négligerait ou refuserait d'accomplir.

Le recours prévu par l'article 4 du décret réglementaire de 1852 est exclusivement réservé au préfet. Le Conseil de préfecture doit donc rejeter, comme non recevables, toute demande en annulation, tout recours pour excès de pouvoirs formés par les électeurs contre les opérations administratives de revision des listes électorales (Conseil d'Etat, 12 novembre 1875, 27 juillet 1883).

Dans les communes divisées
en sections électorales

Dans les communes divisées en sections électorales, il existe, dans chaque section, une commission administrative *spéciale*. Le maire peut y être remplacé par un adjoint ou par un conseiller municipal.

Le sectionnement nécessite la formation d'autant de listes qu'il y a de sections. La liste de section est dressée et revisée par une commission spéciale, chaque section étant considérée comme une commune.

Néanmoins, c'est à la mairie que sont reçues les

demandes d'inscription et de radiation et publiées les listes.

La liste unique, composée de la réunion des listes dressées par section, forme le registre électoral de la commune et reste déposée au secrétariat de la mairie.

Les listes de revision dressées par les commissions dans chaque section sont publiées divisément le 15 janvier.

Les règles sont les mêmes qu'en ce qui concerne les communes non divisées en sections.

S'il arrive qu'entre la délibération du conseil général sectionnant une commune et l'époque de la revision annuelle des listes électorales, il y ait lieu de procéder à des opérations électorales, c'est la liste électorale arrêtée avant la décision du conseil général qui servira de base à ces opérations (Cassation, 23 mars 1875).

Dans le cas de changement
dans la circonscription d'une commune

En cas de changement apporté à la circonscription d'une commune, on procède d'après les mêmes principes, soit qu'il y ait réunion d'une section à une commune limitrophe, soit qu'une section soit détachée d'une commune pour former elle-même une commune. L'administration de la commune primitive doit alors se borner à rayer de ses listes les électeurs de la section séparée. L'administration de la commune à laquelle la section est annexée forme et joint à sa liste close le 31 mars précédent une liste complémentaire composée des noms extraits de la liste de la commune primitive comme étant ceux d'électeurs appartenant à la section. Pour la commune nouvelle, si elle est formée exclusivement de la section spéciale, la liste électorale sera dressée avec les noms des électeurs retranchés de la liste de la commune dont la section a été distraite.

La phase judiciaire

I. - Les opérations
de la Commission municipale

Avec le dépôt du tableau rectificatif, ou l'accomplissement des nouvelles opérations qui seraient prescrites à la suite d'une annulation par le Conseil de préfecture, se termine la partie administrative des opérations de revision. La phase judiciaire commence ensuite.

Délai de 20 jours pour déposer les réclamations

Le tableau des additions et retranchements à la liste électorale ayant été déposé à la mairie et mis à la disposition du public, les intéressés peuvent former pendant les 20 *jours* qui suivent le dépôt des réclamations contre les opérations de la commission administrative.

Le délai de vingt jours imparti pour les réclamations expire le vingtième jour, à minuit. La mairie doit donc rester ouverte le 4 février, jusqu'à minuit (Cassation, 25 avril 1892, 27 avril 1900).

Cependant, l'électeur rayé par la commission administrative conserve, même après le 4 février, le droit de se pourvoir devant la commission municipale dans les cinq jours qui suivent la notification (Circulaire du 21 septembre 1883).

La commission municipale

Les demandes en inscription ou radiation et les difficultés qui en résultent sont portées, *au premier degré de juridiction*, devant une commission dite *municipale* ou *de jugement*, composée des membres de la commission administrative, auxquels sont adjoints deux nouveaux délégués du conseil municipal (Art. 19 et 20 du décret organique du 2 fév. 1852 ; art. 2 et 3, loi du 7 juillet 1874).

Qui peut réclamer ?

L'article 19 du décret organique de 1852 énumère les personnes qui sont admises à réclamer. Ce sont :

1° Tout citoyen qui prétend avoir été omis ou inscrit à tort sur la liste ;

2° Tout citoyen inscrit, rayé par la commission administrative ;

3° *Tout électeur inscrit sur l'une des listes de la circonscription électorale (tiers électeur)* ;

4° Les sous-préfets et le préfet dans l'étendue de leur circonscription administrative.

L'inscription des contribuables non résidents et des Alsaciens-Lorrains ne peut être sollicitée que par les intéressés eux-mêmes. Les membres de la Commission municipale ne peuvent présenter aucune demande d'inscription ou de radiation (Cassation, 1ᵉʳ mai 1906).

Forme des réclamations

Aucune forme n'a été prescrite par la législation.

Les réclamations sont, en principe, formulées par écrit et doivent, quand c'est une radiation qui est demandée, contenir l'exposé des motifs. Elles peuvent aussi être formulées verbalement par une déclaration à la mairie, pourvu que la preuve de leur existence soit rapportée.

On peut donner pouvoir écrit à une personne de présenter une demande d'inscription ou de radiation. Le pouvoir peut être fait sur papier libre et enregistré gratis (Décret organique de 1852, art. 24).

Lorsque la réclamation émane d'un tiers électeur, ce dernier doit joindre à sa demande un certificat du maire de sa commune constatant sa qualité d'électeur inscrit sur l'une des listes de la circonscription électorale (Circulaire du 8 novembre 1863).

Réception des réclamations

Elles sont portées par ordre de date sur un registre dressé par le maire.

MODÈLE DU REGISTRE DES RÉCLAMATIONS

DATE des Réclamations	NOMS et PRÉNOMS des Réclamants	NOMS ET PRÉNOMS des personnes qui font l'objet des réclamations	NATURE des réclamations		NATURE de la décision	
			Inscriptions	Radiations	Admissions	Rejet

Le défaut d'inscription sur le registre ne peut être considéré comme une cause de nullité de l'action du demandeur (Cassation, 14 mai 1890). De même, l'inscription de la réclamation sur une feuille volante suffit pour saisir régulièrement la commission municipale ; les électeurs ne peuvent être rendus responsables de l'incurie de la municipalité (Cassation, 13 mai 1874).

Le maire doit délivrer récépissé de la réclamation et avertir sans frais l'électeur dont l'inscription est contestée pour qu'il ait à fournir ses observations (Art. 19 du décret organique de 1852). Il est prescrit, en outre, d'insérer d'une manière sommaire, dans cet avertissement, les motifs de la demande en radiation.

FORMULE DU RÉCÉPISSÉ

Nous, Maire de la commune de______________, certifions que le sieur____________ a déposé aujourd'hui à la mairie une réclamation tendant à obtenir son inscription sur la liste électorale (ou bien) la radiation du sieur__________ indûment inscrit sur la liste électorale.

                  Fait à________, le_____________

(Sceau de la Mairie)   *Le Maire,*
                                              (Signature)

Examen des réclamations

Toutes les réclamations sont jugées par la commission municipale.

La présence des cinq membres de la commission *est indispensable* pour la validité de ses déclarations auxquelles ils doivent concourir à peine de nullité (Cassation, 10 avril 1906).

La commission ne saurait valablement désigner, pour la rédaction des procès-verbaux, un secrétaire pris en dehors des membres qui la composent ; mais elle peut s'adjoindre un employé pour le travail matériel (Instruction, ministère Intérieur à administrateur du territoire de Belfort, 25 février 1899).

Les décisions sont prises à la majorité des suffrages ; elles doivent être motivées et consignées par ordre de date sur un registre et ne point être inscrites sur des feuilles volantes (Circulaire du 30 novembre 1884).

Les décisions doivent éviter tous commentaires et surtout tous commentaires injurieux, car les membres de la commission pourraient être poursuivis à raison des motifs diffamatoires contenus dans une décision (Cassation, 13 janvier 1872).

La notification des décisions

Les décisions sont *notifiées in extenso* dans les trois jours aux parties intéressées, par écrit et à domicile, par les soins de l'administration municipale.

A cet égard, la jurisprudence considère comme valable la notification résultant d'une simple lettre missive ou d'un avis émané du maire. Il n'est pas nécessaire que ces lettres ou avis aient été remis par le garde champêtre ou tout autre agent assermenté. Un reçu délivré par l'intéressé constitue une preuve suffisante de la notification.

Le défaut de notification dans le délai de trois jours n'entraîne pas la nullité de la décision : l'électeur peut toujours exercer son droit d'interjeter appel dans les cinq jours de la notification, même si cette dernière est postérieure au 31 mars (Cassation, 24 juin 1884).

D'autre part, les décisions sont rendues publiques au moyen « d'un avis apposé au lieu ordinaire des publications officielles constatant, sans aucun détail, les inscriptions et les radiations prononcées par la commission ». En outre, les décisions doivent être délivrées en entier à tout requérant, moyennant 0 fr. 75 par rôle. (Circ. min., 28 janvier 1888.)

Preuves à fournir à l'appui des réclamations

Les commissions municipales *de jugement* constituent une véritable juridiction : elles peuvent admettre *tous les genres de preuve*. La loi du 7 juillet 1874 ne trace à cet égard aucune limite.

L'âge et l'état civil s'établissent au moyen d'un acte de naissance, la capacité électorale se prouve par le casier judiciaire, la qualité de contribuable résulte d'un extrait du rôle ou d'un arrêté du Conseil de préfecture ordonnant l'inscription au rôle, les autres faits se prouvent par titres ou par témoins.

Avant de réclamer son inscription sur la liste d'une commune, il faut établir que l'on a au moins sollicité sa radiation dans la commune où l'on votait auparavant (Cassation, 12 mars 1906).

II. - Recours contre les décisions
de la Commission municipale

La commission municipale est une juridiction de premier degré. Appel peut être formé contre les décisions de la commission. Il est porté *devant le juge de paix du canton* où est située la commune.

Qui peut interjeter appel ?

1° Tous ceux qui ont figuré dans l'instance devant la commission municipale (Décret organique de 1852, art. 21) ;

2° Tout électeur inscrit sur la liste de la commune (tiers électeur) qui n'a pas été partie dans l'instance ;

3° Les préfets et les sous-préfets.

Le maire et les autres membres de la commission municipale ne peuvent pas, *sous peine de nullité*, appeler de leurs décisions, ni même intervenir devant le juge de paix : ils seraient, en effet, juges et parties (Cassation, 16 mai 1900).

Le jugement rendu sur les explications orales ou écrites, spontanées ou non, émanées de membres de la commission municipale serait entaché de nullité absolue. La Cour de cassation a rendu sur ce point de très nombreux arrêts.

Dans quel délai ?

Le délai d'appel expire, en principe, le *cinquième jour* qui suit la notification. C'est un délai de rigueur qui n'est pas prorogé si le dernier jour est férié. Mais le droit d'appel subsiste tant que la notification n'est pas faite (Cassation, 3 juin 1896) et même après le 31 mars (Cassation, 4 janvier 1881).

Les tiers électeurs ont *vingt jours* pour faire appel à compter de la décision. Les préfets et sous-préfets, suivant les cas, ont, de même, cinq ou vingt jours.

Si le maire avait refusé de communiquer la décision, ou s'il avait opéré une inscription ou une radiation, sans qu'il y ait eu de décision, le délai courrait du jour où l'intéressé aurait eu connaissance de la décision et, au plus tard, du 1ᵉʳ avril, date du dépôt des listes à la mairie (Cassation, 7 juillet 1902).

Forme de l'appel

L'appel est formé par déclaration au greffe (Décret organique, art. 22). Une lettre, même recommandée, adressée au greffier ou au juge de paix, serait insuffisante (Cassation, 26 mars 1902).

L'acte d'appel ne peut pas viser « l'ensemble des décisions d'une commission municipale » (Cassation, 1ᵉʳ mai 1907) : il doit indiquer clairement la décision attaquée. Les pièces sur lesquelles s'appuie la réclamation seront jointes, mais peuvent être produites pour la première fois en appel (Cassation, 23 novembre 1874).

L'appelant doit remettre au juge de paix une expédition de la décision attaquée : celle-ci doit être délivrée gratuitement par le maire aux intéressés (Cassation, 20 avril 1904).

Dans quel délai statue le juge de paix

Le juge de paix statue dans les dix jours (ce délai n'est pas prescrit à peine de nullité), sans frais ni forme de procédure, mais il doit envoyer, trois jours avant l'audience, *un avertissement* à toutes les parties intéressées.

Cet avertissement constitue une formalité substantielle dont l'inobservation peut être couverte cependant par la comparution de la partie non avertie.

On ne peut porter directement devant le juge de paix une réclamation : il faut auparavant la soumettre à la commission municipale.

Cependant, on peut réclamer directement au juge de paix une inscription ou une radiation, quand, par la faute du maire ou de son administration, il n'a pas été possible de saisir la commission municipale (Cassation, 26 avril 1900) ; quand cette commission n'a pas rendu de décision (Cassation, 30 mars 1870) ; quand l'intéressé a été rayé après le 31 mars (Cassation, 4 juin 1904).

D'autre part, la compétence du juge de paix souffre une restriction quand la demande dont il est saisi comporte la solution d'une question préjudicielle d'état, de nationalité ou d'une question de compétence administrative. Le juge doit alors surseoir à statuer et renvoyer les parties devant le juge compétent.

Tous les moyens de preuve sont admis devant le juge de paix, qui apprécie souverainement les questions de fait qui lui sont soumises.

Décision du juge de paix

La décision, pour être valable, doit, sinon renfermer en elle-même toutes les énonciations qu'on rencontre dans les jugements, du moins en remplir les conditions essentielles et par conséquent mentionner la publicité de l'audience, l'assistance du greffier, l'avertissement aux parties de comparaître, leur comparution ou leur absence, les conclusions qu'elles ont prises, et contenir des motifs et un dispositif (Cassation, 12 avril 1870).

Lorsqu'une infirmation de la décision de la commission municipale a été prononcée par le juge de paix, il doit, dans les trois jours, en donner avis au maire et au préfet.

Le maire doit opérer les inscriptions et radiations qui lui ont été ainsi indiquées. S'il ne le fait pas, le préfet peut, après l'en avoir requis, y procéder d'office.

III. - Recours contre les décisions
du Juge de paix

La sentence du juge de paix est rendue en dernier ressort : elle ne peut donc donner ouverture à appel devant une juridiction supérieure. Mais elle est cependant susceptible de *réformation*, par la voie de l'opposition ou du pourvoi en Cassation.

Opposition

La voie de l'opposition est ouverte à la partie qui, mise à même de comparaître par l'avertissement, *a fait défaut.*

Si l'intéressé n'a pas reçu d'avertissement, le jugement est réputé contradictoire et ne peut être attaqué que devant la Cour de Cassation.

Il en est de même, pour les jugements par défaut, après l'expiration des délais d'opposition (trois jours à partir de la signification du jugement).

Pourvoi en cassation

Seules les décisions en dernier ressort et définitives peuvent être déférées à la Cour de Cassation. La décision d'une commission municipale ne peut donc être l'objet d'un pourvoi (Cassation, 2 avril 1879). Seule la décision du juge de paix peut être déférée à la Cour.

Le pourvoi n'est pas suspensif. Ceux dont l'inscription a été ordonnée par jugement peuvent voter, malgré le pourvoi formé contre le jugement (Conseil d'Etat, 28 juillet 1893).

Qui peut se pourvoir ?

Le droit de se pourvoir — contrairement à ce qui existe pour le droit d'appel — *n'appartient qu'à ceux qui ont été parties* dans la décision attaquée. Ce principe s'applique aux préfets et sous-préfets.

Cependant, un tiers électeur, resté étranger au jugement, peut se pourvoir en Cassation si, par suite d'une fraude ou dé clandestinité, les tiers n'ont pas pu intervenir devant le juge de paix (Cassation, 29 mars 1906).

Les membres de la commission municipale ne peuvent se pourvoir ni en corps, ni individuellement contre le jugement qui a réformé leur décision. (Cassation, 27 avril 1895.)

Délai du pourvói

Le pourvoi doit être formé *dans les dix jours* de la notification de la décision. Mais, si le demandeur n'a pas eu d'adversaire devant le juge de paix, le délai commence à courir du jour du jugement (Cassation, 31 mars 1886).

Forme du pourvoi

Le pourvoi est formé par *une déclaration* au greffe de la justice de paix ou au greffe de la Cour de Cassation (Cassation, 26 avril 1904). Le pourvoi doit être accompagné d'une copie signifiée ou d'une expédition du jugement attaqué (Cassation, 18 juin 1904).

Le demandeur doit joindre au dossier les pièces justificatives déjà produites au juge de paix. Mais il ne pourrait en produire de nouvelles, pas plus qu'il ne peut présenter en Cassation de moyens nouveaux.

Dénonciation du pourvoi

Le pourvoi formé doit être dénoncé, *dans les dix jours* qui suivent, à tous les intéressés. *Les significations sont faites aux intéressés eux-mêmes*, et même à l'électeur qui n'a pas été en cause devant le juge de paix, mais dans l'intérêt duquel un tiers électeur a agi en demandant l'inscription.

Ces significations sont faites par le ministère d'un huissier ou d'un agent assermenté — sauf à Paris où

le ministère d'un huissier audiencier près la Cour de
Cassation est obligatoire — et doivent contenir les
nom, prénoms, domicile du demandeur en Cassation,
ainsi que le domicile des défendeurs.

Procédure

Les pourvois en matière électorale sont dispensés
du ministère d'avocat, jugés d'urgence et sans consi-
gnation d'amende. Ils sont portés directement devant
la Chambre civile de la Cour de Cassation.

Arrêt

Le demandeur doit indiquer dans sa requête les
moyens sur lesquels est fondé le pourvoi. Ces moyens
peuvent viser la forme et le fond. La Cour casse le
jugement, notamment si le juge de paix a mal inter-
prété la loi ; s'il a laissé sans réponse l'un des moyens
proposés par une partie : s'il n'a pas annulé une
décision rendue par une commission municipale composée de moins de cinq membres ; s'il n'a pas indiqué
la présence ou l'absence des parties, le jour du jugement, etc.

Effet de l'arrêt

La cassation du jugement a pour effet le renvoi
de l'affaire devant un autre juge de paix, devant qui
les débats recommencent et à qui l'on peut soumettre
des moyens nouveaux.

Si le pourvoi est déclaré mal fondé et rejeté, le
jugement ne peut être l'objet d'un nouveau pourvoi.
(Cassation, 11 juin 1907.)

IV. - Clôture de la Liste électorale

Au 31 mars, la commission administrative, composée comme il a été dit ci-dessus (Voir page 21), procède, sans se préoccuper des actions encore pendantes devant les tribunaux, à la clôture définitive de la liste (Circulaire, 30 novembre 1884).

Pour y parvenir, la commission, dans les derniers jours de mars, consulte la liste primitive, le tableau rectificatif publié le 15 janvier, les décisions de la commission municipale de jugement, celles du juge de paix et les arrêts de Cassation s'il en est intervenu.

D'autre part, elle tient compte des décès d'électeurs survenus depuis la formation des tableaux préparatoires, ou des incapacités prononcées pendant cette période par des jugements.

Au moyen de ces éléments, la commission dresse, par ordre alphabétique, la liste électorale définitive et termine l'opération par un arrêté de clôture.

La liste, ainsi arrêtée, est déposée au secrétariat de la mairie (Décret réglementaire du 2 février 1852, art. 7).

Les feuillets de la liste électorale sont réunis en un registre (Loi du 7 juillet 1874, art. 4).

Tout électeur peut en prendre communication et *copie*.

L'article 7 du décret réglementaire de 1852 prescrit la transmission au préfet du tableau des rectifications opérées. Ce tableau, dressé dans la même forme que celui qui doit être publié le 15 janvier, reste déposé, avec la copie de la liste électorale, au secrétariat général du département.

Après le 31 mars, aucune modification ne doit, en principe, être apportée à la liste électorale et c'est sur cette liste que sont faites toutes les élections de l'année jusqu'au 1er avril de l'année suivante.

Il est cependant procédé aux changements nécessités par des décisions judiciaires amenant des incapacités ou par le décès des électeurs. Ces modifications sont portées à un tableau que le maire est tenu de publier cinq jours avant les élections.

Époques et Délais
des diverses opérations de revision

La circulaire ministérielle du 30 novembre 1884 a fixé ainsi les époques et délais des diverses opérations relatives à la revision des listes électorales :

	Nombre de jours	Terme des délais
Préparation du tableau rectificatif.	10	10 janvier
Délai accordé pour le dresser.....	4	14 janvier
Publication du tableau rectificatif.	1	15 janvier
Délai pour les réclamations.......	20	4 février
Délai pour les décisions de la commission municipale chargée du jugement des réclamations......	5	9 février
Délai de notification des dernières décisions de cette commission...	3	12 février
Délai d'appel devant le juge de paix	5	17 février
Délai pour la décision du juge de paix	10	27 février
Délai de notification des décisions du juge de paix.........	3	2 mars
Clôture définitive des listes........	»	31 mars

APPENDICE

Tableau des Incapacités
Perpétuelles ou Temporaires

Nous publions dans les pages suivantes, avec l'autorisation de l'administration des *Lois Nouvelles* que nous tenons à remercier de sa bienveillance, un tableau des incapacités perpétuelles ou temporaires, qui a paru dans l'excellent *Répertoire Encyclopédique du Droit Français* par **Fernand LABORI** et **Emile SCHAFFHAUSER**.

NOMENCLATURE PAR ORDRE ALPHABÉTIQUE

des

CRIMES ET DÉLITS OU AUTRES CAUSES D'INCAPACITÉ.

Abus de confiance, (art. 406 à 409 C. pén.)

Arbre abattu ou mutilé, sachant qu'il appartenait à autrui (art. 445 et 446 C. pén.)

Attroupements (délits prévus par la loi sur les). (L. des 10 avril 1831 et 7 juin 1848.)

Crimes, suivis d'une condamnation à des peines afflictives et infamantes (travaux forcés, déportation, détention et réclusion) des peines infamantes seulement (bannissement, dégradation civique) (art. 7 et 8 C. pén).

Colportage d'écrits (infractions à la loi sur le). (L. 27 juill. 1849, voir L. 29 juillet 1881 sur la Presse).

Crimes suivis de l'emprisonnement correctionnel, en vertu de l'art. 463 C. pén.

Deniers publics soustraits par les dépositaires auxquels ils étaient confiés (art. 169 à 171 C. pén.

Destruction de registres, minutes, actes, originaux de l'autorité publique, titres, billets, lettres de change, effets de commerce ou de banque, contenant ou opérant obligation, disposition ou décharge (art. 439 C. pén.).

Délits électoraux. — Bulletins ajoutés, altérés ou soustraits ; liste électorale mensongère ; opérations électorales troublées ; suffrages détournés, vote multiple, etc...

Empoisonnent de chevaux ou autres bêtes de monture, de voiture ou de charge, de bestiaux à cornes, de moutons, chèvres ou porcs, ou de poissons dans les étangs, viviers ou réservoirs (art. 452 C. pén.).

Escroquerie (art. 405 C. pén.).

Faillite sans condamnation pour banqueroute (1).

---

(1) Ceux qui obtiennent la liquidation judiciaire conservent le droit d'être portés sur la liste électorale.

NATURE ET DURÉE des PEINES EMPORTANT L'EXCLUSION de la liste électorale	DURÉE de L'EXCLUSION.	ARTICLES DU DÉCRET ORGANIQUE DE 1852 qui prononcent L'EXCLUSION.
Emprisonnement quelle qu'en soit la durée.	Perpétuelle.	Art. 15 § 5
Emprisonnement de trois mois au moins.	Perpétuelle.	Art. 15 § 10
Emprisonnement de plus d'un mois.	Cinq ans à dater de l'expiration de la peine.	Art. 16
Quelle que soit la durée de la peine.	Perpétuelle.	Art. 15 § 1
Emprisonnement de plus d'un mois.	L'exclusion dure cinq ans à dater de l'expiration de la peine.	Art. 16
Quelle que soit la durée de la peine.	Perpétuelle.	Art. 15 § 3
Emprisonnement quelle qu'en soit la durée.	Perpétuelle.	Art. 15 § 5
Emprisonnement de cinq mois au moins.	Perpétuelle.	Art. 15 § 10
Emprisonnement de plus de trois mois.	Perpétuelle.	Art. 15 § 7 Art. 31, 33, 34, 35, 36, 38, 39, 40, 41, 42, 45, 46.
Emprisonnement de trois mois.	Perpétuelle.	Art. 15 § 10
Emprisonnement quelle qu'en soit la durée.	Perpétuelle.	Art. 15 § 5
Emprisonnement de plus d'un mois.	Trois ans à partir de la déclaration de faillite.	L. 23 mars 1908.

NOMENCLATURE PAR ORDRE ALPHABÉTIQUE

des

CRIMES ET DÉLITS OU AUTRES CAUSES D'INCAPACITÉ

Falsification de substances alimentaires ou médicamenteuses destinées à être vendues. Vente ou mise en vente de ces denrées, sachant qu'elles sont falsifiées ou corrompues (Loi 27 mars 1851 et 5 mai 1885, art. 1er).

Greffe détruite (art. 447 C. pén.).

Interdiction civile pour cause d'imbécillité, de démence ou de fureur (art. 489 et s. C. civ.).

Interdiction correctionnelle du droit de vote et d'élection (art 42 86, 89, 91, 125 C. pén ; art. 6 de la loi du 23 janvier 1873 sur l'ivresse).

Ivresse, délit prévu par la loi du 23 janvier 1873. art. 3.

Jeux de hasard (maison de) (art. 410 C. pén.).

Marchandises ou matières servant à la fabrication gâtées volontairement (art. 443 C. pén.).

Mendicité (art 274 à 279 C. pén.).

Militaires condamnés au boulet ou aux travaux publics.

Mœurs (attentat aux) (art. 330 et 334 C. pén.)

Officiers ministériels (avoués, huissiers, greffiers, notaires) destitués en vertu de jugements ou de décisions judiciaires

Outrage public à la morale publique et religieuse et aux bonnes mœurs (L. 17 mai 1819, art. 10).

Outrage public envers un juré à raison de ses fonctions ou envers un témoin à raison de ses dépositions (L. 25 mars 1822. art. 6).

NATURE ET DURÉE des PEINES EMPORTANT L'EXCLUSION de la liste électorale	DURÉE de L'EXCLUSION.	ARTICLES DU DÉCRET ORGANIQUE DE 1852 qui prononcent L'EXCLUSION.
Emprisonnement de plus de trois mois.	Exclusion de cinq ans.	Art. 16 modifié, loi 24 janv. 1889.
	Perpétuelle.	Art. 15 § 14 modifié, loi 24 janvier 1889.
Emprisonnement de trois mois au moins.	Perpétuelle.	Art. 15 § 10
	L'exclusion cesse à la levée judiciaire de l'interdiction	Art. 15 § 16
	La durée de l'exclusion est fixée par jugement et court à dater de l'expiration de la peine.	Art. 15 § 2
	L'exclusion dure deux ans à partir du jour où la condamnation est devenue irrévocable.	
Quelle que soit la peine.	Perpétuelle.	Art. 15 § 11
Emprisonnement de trois mois au moins.	Perpétuelle.	Art. 15 § 10
Quelle que soit la peine.	Perpétuelle.	Art. 15 § 9
Quelle que soit la durée de la peine.	Perpétuelle.	Art. 15 § 12
Emprisonnement quelle qu'en soit la durée.	Perpétuelle.	Art. 15 § 5
	Perpétuelle.	Art. 15 § 8
Quelle que soit la peine.	Perpétuelle.	Art. 15 § 6
Emprisonnement de plus d'un mois.	L'exclusion dure trois ans à dater de l'expiration de la peine.	Art. 16

NOMENCLATURE PAR ORDRE ALPHABÉTIQUE

des

CRIMES ET DÉLITS OU AUTRES CAUSES D'INCAPACITÉ

Outrages et violences envers les dépositaires de l'autorité et de la force publique (art. 222 à 230 C. pén.)

Prêts sur gages ou nantissement (maisons de) établies sans autorisation légale. Registre non tenu (art. 411 C. pén)

Rébellion envers les dépositaires de l'autorité ou de force publique (art. 209 à 221 C. pén.).

Récoltes (dévastation de) (art. 444 C. pén.).

Recrutement. — Fraudes diverses.

Service militaire à l'étranger, pris par un Français majeur, sans autorisation du Gouvernement art. 21 C. civ.)

Tromperie sur le titre des matières d'or ou d'argent sur la qualité d'une pierre fausse vendue pour fine, sur la nature de toutes marchandises (art. 423 C. p.).

Tromperie par le vendeur ou l'acheteur sur la quantité des choses livrées. par l'usage de faux poids ou de fausses mesures ou d'instruments inexacts, ou par des manœuvres et des indications frauduleuses relatives au pesage ou au mesurage, tentative de ces délits (L. 27 mars 1851, art. 1er).

Usure (L. 3 sept. 1807 et 19 déc. 1850).

Vagabondage (art. 269 et 271 C. pén.).

Vol (art. 379, 388 et 401).

NATURE ET DURÉE des PEINES EMPORTANT L'EXCLUSION de la liste électorale	DURÉE de L'EXCLUSION.	ARTICLES DU DÉCRET ORGANIQUE DE 1852 qui prononcent L'EXCLUSION.
Emprisonnement de plus d'un mois.	L'exclusion dure trois ans à dater de l'expiration de la peine.	Art. 16
Quelle que soit la peine.	Perpétuelle.	Art. 15 § 11
Emprisonnement de plus d'un mois.	L'exclusion dure cinq ans à dater de l'expiration de la peine.	Art. 16
Emprisonnement de trois mois au moins.	Perpétuelle.	Art. 15 § 10
Emprisonnement quelle qu'en soit la durée.	Perpétuelle.	Ar. 15 § 13
	L'exclusion dure jusqu'à ce que la qualité de Français ait été recouvrée.	Art. 12.
Emprisonnement de trois mois.	Perpétuelle.	Art. 15 § 4
Emprisonnement quelle qu'en soit la durée.	Perpétuelle.	Art. 15 § 14
Quelle que soit la peine.	Perpétuelle.	Art. 15 § 15
Quelle que soit la peine.	Perpétuelle.	Art. 15 § 9
Emprisonnement quelle qu'en soit la durée.	Perpétuelle.	Art. 15 § 5

TABLE DES MATIÈRES

L'Imprimerie d'Hardricourt. — Albert MARÉCHAUX

Les Annales Municipales, 60, rue des Écoles, Paris (V^e)

LES
Annales Municipales

(Tout ce que doit savoir un Élu Municipal)

3e ANNÉE

Revue Pratique et Magazine Mensu…
publiés par fascicules
grand in-quarto (24^cm × 32^cm)
sous la direction de M. Henri Ranou…

Abonnement annuel :
France et Colonies : **6 fr.**
Union Postale : **7** fr.

Revue pratique d'informations universelles, dans des numéros où la diversité des faits et multiplicité des idées attestent les puissants d'investigation de tous ses services; revue encycl… pédique qui s'attache à l'étude méthodique de tous les problèmes d'édilité urbaine et rurale, le *Annales Municipales* occupent la première place parmi les publications consacrées aux élus d… communes. Il n'est pas un seul élu municipal qui puisse se dispenser d'avoir recours à ce recuei…

✍ ✍ ✍ ✍ | NOS MONOGRAPHIES | ✍ ✍ ✍ ✍

La Législation Municipale mise à la portée de tous .... **3 fr. 50**

Mettre réellement à la portée des élus des communes notre législation municipale. La tâche entreprendre était difficile : une œuvre pareille, pour répondre à son but, doit être tout à la fois u… recueil de textes officiels et un travail de vulgarisation. Nous avons réussi à concilier ces deu… préoccupations opposées en publiant parallèlement un *Code Municipal* et un *Dictionnai… Municipal.*

La Mairie et l'École .... **1 fr. 5…**

C'est un guide de notre législation scolaire dans ses rapports avec les autorités locales placé… autour de l'école et avec les organismes divers créés pour aider et soutenir dans leur tâche l… membres du personnel enseignant.

La Commune et l'Incendie (*Les Sapeurs-Pompiers Communaux*). **1 fr. 5…**

Cette monographie facilite aux élus des communes la connaissance des lois et décre… relatifs aux corps de sapeurs-pompiers. Elle est précédée d'une étude sur les pouvoirs des Mair… (précautions convenables à prendre contre l'incendie).

L'Assistance aux Vieillards, infirmes et incurables .... **1 fr.**

C'est le commentaire le plus complet, le plus précis, le plus bref et le plus commode de la l… du 14 juillet 1905.

La Revision de l'Impôt Foncier (*Propriétés non bâties et bâties*). **1 fr. 5…**

Dans cette importante étude de vulgarisation ont été réunis tous les textes utiles à consult… par les Maires, les classifications, les répartiteurs et les contribuables.

❦ ❦ ❦ | L'ENCYCLOPÉDIE MUNICIPALE | ❦ ❦ ❦

Petite collection d'ouvrages de vulgarisation, du format in-8e carré 13 1/2 × 18 1/2

Memento municipal pour 1910 ..... **1 fr.**

Ce petit volume, de 80 pages, indique mois par mois et jour par jour les travaux à effectuer dans les Mairies. Il contient l'indication des travaux spéciaux à chaque session des conseils municipaux.

Maires et Curés sous le nouveau régim… des cultes, par *Henri Ranoux.* 1 1…

La Revision des Listes Électorales (l… gislation et jurisprudence) par *Marcel Bulc…* 1…

Répertoire de Renseignements Milita… res par le Lt-Colonel *Manceaux* et *G. No…* **1 fr.**

www.ingramcontent.com/pod-product-compliance
Lightning Source LLC
Chambersburg PA
CBHW061327060726
47596CB00003B/1125